历史人物故事

三国两晋南北朝

中国地图出版社 ◎ 编著

中国地图出版社
·北京·

图书在版编目（CIP）数据

三国两晋南北朝历史人物故事 ／ 中国地图出版社编著． -- 北京：中国地图出版社，2024.11
ISBN 978-7-5204-3921-3

Ⅰ．①三… Ⅱ．①中… Ⅲ．①中国历史－三国时代－通俗读物②中国历史－魏晋南北朝时代－通俗读物 Ⅳ．① K235.09

中国国家版本馆 CIP 数据核字 (2024) 第 011423 号

SANGUO LIANGJIN NANBEICHAO LISHI RENWU GUSHI
三国两晋南北朝历史人物故事

出版发行	中国地图出版社	邮政编码	100054
社　　址	北京市西城区白纸坊西街3号	网　　址	www.sinomaps.com
电　　话	010-83490076　83495213	经　　销	新华书店
印　　刷	保定市铭泰达印刷有限公司	印　　张	6
成品规格	165 mm×225 mm		
版　　次	2024年11月第1版	印　　次	2024年11月河北第1次印刷
定　　价	29.80元		
书　　号	ISBN 978-7-5204-3921-3		

*如有印装质量问题，请与我社联系调换。

前言

近年来,传统文化复兴的呼声日渐高涨。中华文化绵延5000多年,历史学是其重要载体之一。中国人历来重视修史,尤其看重历史"鉴今"的功用。

然而,历代流传下来的历史文献多用文言文写成,又包含众多典故,这让普通读者望而生畏。而且,史书浩繁,如果不加选择地阅读,读者将不易获得对中国历史主流的认识。尤其是对于某些政权更迭频繁的时期而言,历史变得更为复杂,了解起来难度更高。比如中国的三国两晋南北朝时期,这一时期算是大动荡时期,三百多年间,中国基本处于分裂割据的状态。魏、蜀、吴三国鼎立,使分裂的中国走向局部的统一,西晋的短暂统一后,中国又走向分裂的局面。此后的东晋、南北朝,政权不断更替,各民族之间斗争不断,各民族的交融也增多。在这个风云激荡、错综复杂的历史时期,涌现了一系列历史人物,本书精选出其中极具代表性的经典人物及故事,由点及面为读者展现这一时期错综复杂的历史。

除了主体文字,本书还包含精美插画、高清图片,内容翔实、形式多样,唯美、直观、有趣地呈现了波澜壮阔的三国两晋南北朝历史。本书让你爱上历史,主动阅读,成为"知兴替,明得失"的更优秀的自己。

目 录

1. 黄巾起义，天下分崩——董卓专权 ---> 01

2. 中国北方统一的基础——官渡之战 ---> 07

3. 得卧龙者得天下——三顾茅庐 ---> 13

4. 三分天下——孙刘联军火烧赤壁 ---> 18

5. 司马昭之心——西晋的短暂统一 ---> 23

6. 何不食肉糜——白痴皇帝与"八王之乱" ---> 29

7. 王与马，共天下——东晋奇闻 ---> 34

8. 出师未捷身先死——东晋名将祖逖 ---> 39

- 9　投鞭于江，足断其流——淝水之战 ---> 44

- 10　一代"书圣"——王羲之 ---> 50

- 11　不为五斗米折腰——陶渊明 ---> 56

- 12　集"三绝"于一身——一代画师顾恺之 ---> 62

- 13　穿汉服说汉话的鲜卑王——北魏孝文帝 ---> 67

- 14　半生考察天下水——郦道元与《水经注》 ---> 73

- 15　顺天时，量地利——贾思勰与《齐民要术》 ---> 77

- 16　科学全才——祖冲之 ---> 82

- 17　井底皇帝——陈叔宝 ---> 87

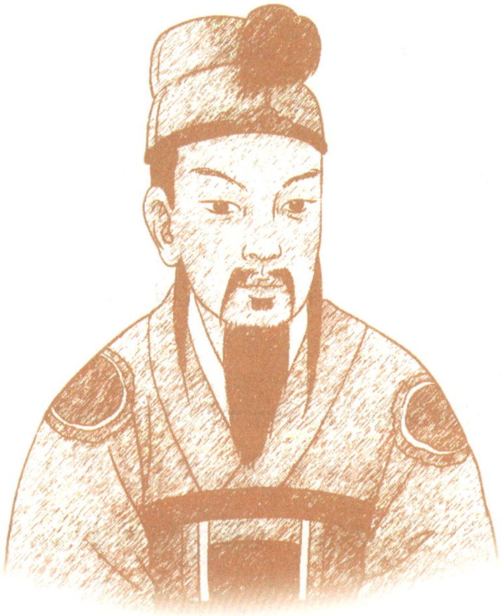

黄巾起义，天下分崩
——董卓专权

导语 东汉末年，皇权微弱，外戚和宦官两大集团争相控制朝廷，人心惶恐。虽然黄巾起义最终被镇压，但东汉王朝的统治地位已名存实亡，军阀分裂割据，董卓专权。

董卓，字仲颖，陇西临洮（今甘肃省岷县）人，出生于豪强地主家庭。他年轻时喜欢行侠仗义，好结交朋友，虽生性粗犷却非常有谋略。董卓一方面同当地游牧民族的贵族交往；另一方面又对驻屯士兵加以利用，使他们完全听命于自己，逐渐拥有了自己的武装力量。

董卓率领这支队伍先是与羌人和胡人作战，后又参与镇压黄巾起义，屡立战功，这让他的官职一升再升，势力越来越大。随之，他的野心也越来越大，开始变得目中无人，《三国志》记载董卓"性残忍不仁，遂以严刑胁众，睚眦之隙必报"。虽然当时的朝廷对他已有戒备之心，但还是阻挡不了他的发展。一时之间，董卓成为闻名陇西（因在陇山之西而得名，治今甘肃省临洮县）的风云人物。

此时的东汉政权在外戚与宦官的争斗中摇摇欲坠，皇帝完全成了傀儡。汉灵帝时，以十常侍为代表的宦官集团操纵政权，对百姓横征暴敛，因破产而流亡的农民不堪被剥削、压迫，纷纷起义反抗。

中平六年（189年）四月，汉灵帝逝世，他的儿子刘辩登基，是为汉少帝。刘辩即位后并未亲政，他的母亲何太后和舅舅大将军何进掌握着朝政大权。

十常侍

十常侍指东汉灵帝时操纵政权的宦官集团，他们都任职中常侍（皇帝的近臣），被封侯。十常侍专权是引发东汉末年时局动荡的重要原因之一。

汉少帝即位后不久，以何进为首的外戚集团谋划着要诛灭宦官集团，遭到何太后的反对。于是，何进就私下召唤董卓带兵进洛阳（今河南省洛阳市），以胁迫太后。但还没等董卓到来，何进已被宦官杀死。大臣袁绍趁皇宫大乱，率兵冲进宫内诛杀两千多名宦官。宦官张让和段珪急忙带着小皇帝刘辩逃出宫去，最后在黄河岸边被人追上，张让等人投河而死。经过这场变乱，外戚与宦官的势力都被削弱了。

此时，董卓正在赶往京城洛阳的路上，他听说皇帝在黄河南岸的北邙山（在今河南省西部）上，于是领兵护送皇帝刘辩回到洛阳。不久，何进原先所统领的部队也都归附于董卓，董卓很快控制了京城的军权。

不过，董卓还有更大的野心，他想废掉皇帝刘辩，改立9岁的刘协为皇帝，好进一步掌控朝

外戚

外戚，特指帝王的母族和妻族。在中国历史上，帝王年幼时，外戚往往依靠皇后、皇太后的势力而获得权力，甚至能改朝篡位。

◀ 董卓画像

政大权。

董卓邀请袁绍商议废立之事。董卓说："天下君主，应由贤明的人来担任，如今皇帝昏庸柔弱，我打算改立刘协为天子。"袁绍假装同意，对董卓说："这是件大事，我回去和太傅（袁绍的叔父袁隗）商量商量。""刘家的种不必再传下去了。"董卓脱口说道。袁绍听了，没有说话，强压怒火，按了一下腰间的佩刀，向董卓抱拳施礼后离开。当时，袁绍的心里很害怕，担心董卓杀他，于是连夜逃到了冀州（辖境相当于今河北省中南部、山东省西端及河南省北端）。

袁绍走后，董卓又召集百官，胁迫何太后，废掉少帝刘辩，改立刘协为皇帝。永汉元年（189年）九月，刘协即位，是为汉献帝。董卓得政后，升任为太尉，又毒杀了何太后和少帝刘辩，掌管朝廷军政大权。不久，他又升任相国，大封亲信为官，巩固自己的地位。至此，东汉政权完全落入董卓之手。

汉献帝画像 ▶

董卓掌握朝政后，越发不可一世。朝中官员必须顺从他的意志，谁要是对他稍有不满，董卓就用严酷的刑罚来惩罚他们。董卓的恶行引起天下不满，各地的官僚纷纷起兵讨伐他。他看大事不妙，慌忙挟持汉献帝迁都长安（今陕西省西安市）。在离开洛阳前，董卓纵兵大肆烧杀抢掠，致使洛阳方圆二百里内荒芜凋敝，无复人烟。到长安后，董卓又实行严刑峻法，激起更大的民愤。初平三年（192年），他被吕布和司徒王允合谋杀死。

董卓死后，各地军事集团各自割据，互相混战。经过近10年的混战与兼并，建安四年（199年），割据势力便剩下了占据江东（长江在安徽省芜湖市、江苏省南京市间作西南南、东北北流向，秦汉以后习称自此以下的长江南岸地区为江东）的孙策、盘踞荆州（治今湖南省常德市东北）的刘表、占有益州（治今四川省成都市）的刘璋、据凉州（治今甘肃省张家川回族自治县）的韩遂和马腾、占有辽东（泛指今辽河以东地区）的公孙度等，其中势力较大的是位于中原地区的袁绍和曹操。

中国北方统一的基础
——官渡之战

> **导语**　在官渡之战中，兵多粮足的袁绍为何败给了缺粮少兵的曹操呢？

东汉末年，皇帝昏庸，宦官擅权，民不聊生，终于爆发了一场席卷全国的农民起义——黄巾起义。在镇压黄巾起义的过程中，地方官吏和豪强争夺地盘，趁机发展自己的势力。之后，各地方势力开始走向公开的割据混战，其中袁绍、曹操两大军事集团实力较强。

曹操，字孟德，沛国谯县（治今安徽省亳州市）人。他小时候酷爱钻研兵法，尤其喜爱《孙子兵法》。面对东汉末年社会动荡的局面，曹操决心"起义兵，除暴乱"，统一天下。他通过镇压黄巾起义壮大了自己的队伍；通过募民屯田，解决了军粮的问题;通过把汉献帝接到自己的辖区许昌(治今河南省许昌市东),"挟天子以令诸侯",借助皇帝的声威,在政治上壮大了自己。

◀ 曹操画像

曹操的势力逐渐威胁到了盘踞在北方的袁绍。袁绍,字本初,汝南汝阳(治今河南省商水县西北)人,出身官宦世家。在军阀混战中,袁绍占据幽、冀、并、青四州,成为当时最大的割据势力,想要统一天下。

建安五年(200年)春天,袁绍率10万大

挟天子以令诸侯

建安元年(196年),曹操将汉献帝迎至许昌,曹操任司空,以皇帝的名义号令诸侯,自此大权归于曹氏。

军讨伐曹操，曹操集结了一两万人以抵御袁绍军队，两军力量相差悬殊。兵力雄厚、粮草储备充足的袁绍根本没把曹操放在眼里，准备采取急攻的策略，以求速战速决。曹操一方兵力少且粮草不足，他的部下担心打不过袁绍。为了鼓舞士气，曹操对诸将士说："我深知袁绍的为人，他志气虽大，智谋其实很浅薄。他的兵力虽多却指挥不当，而且他的部下骄矜，又政令不一，所以并不可怕。"局势果然如曹操所料，袁绍优柔寡断，没有发挥自己的优势，曹袁两军在官渡（在今河南省中牟县东北）相持数月。

这期间，袁绍倚仗兵力上的优势不断进攻曹军。同年八月，袁绍将军队集结在官渡北面，部署成东西几十里长的军阵，准备与曹军决战。曹操则深沟高垒，分兵扎营，与之对抗。袁军堆土山，筑楼橹（古时军中用以侦察、防御或攻城的高台），居高临下箭射曹军。曹操命人造"霹雳车"，发射石块，予以还击。袁军又挖地道偷袭。曹操令士兵掘长堑，阻断地道。两军战事呈现相持的局面。虽然在此期间，曹操曾派兵焚烧了袁绍的几千车军粮，使袁绍受到很大损失，但旷日持久的对峙也使曹军处境艰难。

◀ 袁绍画像

曹操兵少势弱，随着时间的推移，粮草渐尽，士兵疲乏。曹操十分担忧，于是写信给留守许昌的谋士荀彧，打算退兵。荀彧回信说："如果不能制服袁绍，必被袁绍所制……当前是天下大势转变之重大机遇，为成败之关键。"他

屯田制

屯田制主要分为"军屯""民屯"和"商屯"。民屯始于西汉文帝时期。农民平时从事农耕，负责纳税，不需要服兵役和徭役。西汉武帝在西域边郡屯田，使用的是当地驻军，被称为军屯。明代，盐商在边郡募民垦种，以所得粮食换盐引，称盐屯，为商屯。曹操以"强兵足食"为治国方针，大力推行屯田制，命典农官募民在许昌耕种，不仅解决了军粮问题，而且争取了大量的人口，加快了统一北方的进程。

劝说曹操坚持下去，等待时机。曹操同意荀彧的看法。

同年十月，转机终于来了。袁绍派人运送一万多车军粮，并将其囤积在官渡北面的乌巢（今河南省延津县东南）。谋士许攸建议袁绍趁曹军粮草缺乏之际，派兵偷袭许昌。袁绍非但不听，反而把许攸训斥一通。许攸转而投奔了曹操，把袁军囤粮的情况告诉了曹操，并建议曹操派精兵趁夜偷袭，烧掉粮草，这样就可置袁军于死地。曹操大喜，认为这是出奇制胜的良机。他亲率五千骑兵和步兵伪装成袁军，令士兵每人抱一捆干柴，连夜抄小路偷偷向乌巢行进。天快亮时，曹军赶到了乌巢，他们纵火焚粮，并发动猛攻，袁军一片混乱。袁绍闻讯后，认为曹营必定空虚，就派大军前去攻打，结果遭到曹军的顽强抵抗，而他派去救援乌巢的军队也被曹军全部消灭，袁军的军粮化为灰烬。曹军乘胜发动全面攻击，将袁军打得大败。袁绍仅率八百亲兵逃回河北（泛指今黄河以北地区）。建安七年（202年），袁绍忧愤而死，曹操借机打败了袁军残部，占领了长江、淮河以北的大部分地区，为统一北方奠定了基础。

官渡之战是曹操统一北方的关键性战役。曹操克服对自身不利的局面，以少击众，以劣势对优势而获胜，这与他的杰出的军事才能有着密切的关系。曹操能听取部下的正确意见，对战局有着通盘的考虑，他利用袁绍轻敌的弱点诱其深入，与袁军主力在官渡相持，避免正面作战，坚守阵地近半年之久。反观袁绍，其集团内部不和，又骄傲轻敌，迟疑不决，一再丧失良机。曹操则抓住战机，祭出奇兵，烧掉袁军粮草，从而扭转劣势，最后击败袁绍。

得卧龙者得天下——三顾茅庐

导语

京剧《空城计》中有一句唱词:"我本是卧龙岗散淡的人。"此句唱词说的是诸葛亮出山前是一个悠闲散淡的隐居之士,那他后来是如何出山,帮助刘备成就一番事业的呢?

诸葛亮一直是一个家喻户晓的历史人物,其"三顾茅庐""隆中对"的故事几乎人尽皆知。他手摇羽扇,飘然而出的形象,经历代文学作品渲染,已成为智慧的化身。传说也好,故事也罢,其中都包含着老百姓对诸葛亮的喜爱与敬仰。

诸葛亮,字孔明,东汉琅邪阳都(今山东省沂南县南)人。他3岁时,母亲病逝;后来,黄巾起义爆发,各地军阀纷纷割据自立,互相厮杀，争夺地盘，天下大乱；8岁时，父亲去世，只能投靠叔父生活；十几岁时，叔父去世，诸葛亮搬到距荆州襄阳城（今湖北省襄阳市）西二十里的隆中住下来。这里山明水秀，风景幽雅，诸葛亮盖了几间草房，一边读书，一边耕作，过着自给自足的生活。

在隆中隐居的诸葛亮，对兵书、阵图和工艺技艺的书特别感兴趣。相传诸葛亮在蜀汉建立后，发明了能够连发的弩箭，还因地制宜地发明了"木牛流马"。诸葛亮常常把自己比作春秋时辅佐齐桓公成就霸业的大政治家管仲和战国时备受礼遇成为燕昭王客卿的乐毅，可是那时候人们不太相信他的话。

当时荆州（治今湖南省常德市东北）一带还

木牛流马

木牛流马，相传是三国时期诸葛亮发明的运输工具，分为木牛和流马。有人认为木牛流马是单轮木板车，车身四周有四根活动的、可转动的柱子，以手推或牵引为动力。据史书记载，诸葛亮北伐时为十万大军运输粮食曾使用过木牛流马。不过，木牛流马真实的样貌现已不明。

诸葛亮画像 ▶

算安定，各地的很多名士都来这里避乱。诸葛亮常常与他们探讨国家大事。大家敬佩诸葛亮的才能和抱负，称他为"卧龙"。诸葛亮对时局的认识很深刻，他有一套自己的政治见解，在当地的声誉非常高，这为他以后实现自己的政治抱负奠定了基础。

建安十二年（207年），一位明主终于叩响了诸葛亮的柴门，这位明主就是刘备。

刘备，涿郡涿县（今河北省涿州市）人，汉朝皇室后裔，但他出生的时候，家境就已经衰败了。幼时，刘备与母亲以织席、卖草鞋维持生活。黄巾起义爆发后，他和关羽、张飞等人组织起一支武装队伍，但屡屡遭人轻视，始终没有一个固定的地盘。屡遭挫折的刘备意识到，要与天下群雄抗衡，只有勇猛的战将不行，还要有足智多谋、通晓天下大势的谋士为其出谋划策。于是，他开始积极寻找能帮助自己建功立业的人。

谋士徐庶向刘备推荐了诸葛亮，说诸葛亮是个了不起的人才。刘备带上关羽和张飞，亲自到隆中拜访诸葛亮。他们去了三次，诸葛亮才见他们。

◀ 刘备画像

刘备虚心向诸葛亮请教，诸葛亮被刘备的诚心打动，以一个政治家、军事家的远见，认真细致地为刘备分析了当时的天下形势，并告诉刘备应采取的对策。诸葛亮认为，曹操用皇帝的名义发号施令，又有百万人马，应该避其锋芒；孙权称霸江东（长江在安徽省芜湖市、江苏省南京市间作西南南、东北北流向，秦汉以后习称自此以下的长江南岸地区为江东），占据地势之利，手下人才济济，只可以联合而不可侵犯。因此，刘备应以复兴汉室为号召，联合孙权，避强击弱，待时机成熟，再出兵北伐曹操，统一全国。

刘备听后大为叹服，恳请诸葛亮出山。诸葛亮见刘备待人诚恳，非常尊重自己的意见，于是就答应了刘备的请求。从此，诸葛亮成为刘备的主要谋士，开始辅佐刘备征战天下。之后，刘备东联孙吴，大败曹操于赤壁（今湖北省武汉市西南赤矶山，一说为今湖北省赤壁市西北）。221年，刘备称帝，建立蜀汉政权，定都成都（今四川省成都市），国号"汉"。蜀汉最终与东吴、曹魏形成三国鼎立的局面。

◇ 刘备托孤

诸葛亮出山后，尽心竭力辅佐刘备，建立蜀汉政权。223年，刘备病重。临终前，他将自己的儿子刘禅托付给诸葛亮，并让刘禅像侍奉父亲一样对待诸葛亮。刘备死后，诸葛亮以丞相身份辅佐刘禅，最终积劳成疾，病逝于五丈原（在今陕西省岐山县南斜谷口西侧）军中。

三分天下——孙刘联军火烧赤壁

导语

"烈火张天照云海,周瑜于此破曹公""谈笑间,樯橹灰飞烟灭",中国历代文人留下了许多以赤壁之战为题的诗句,读来令人热血沸腾。那么,历史上真实的赤壁之战是怎样的呢?

官渡之战后,曹操又用了几年时间彻底清除了袁绍的势力。建安十二年(207年),曹操又亲率大军远征乌桓,基本统一了中国北方。接下来,他准备向南用兵,实现统一天下的抱负。此时,南方能与他抗衡的割据势力,只有长江下游的孙权和湖北一带的刘备了。

建安十三年(208年),曹操亲率大军进攻荆州(治今湖南省常德市东北)。当时,荆州的刘琮不战而降。驻守樊城(今湖北省襄阳市樊城区）的刘备知道自己的兵力无法抵挡曹军，便与诸葛亮率领部众向江陵（治今湖北省荆州市江陵故城）方向撤退。关羽则带兵由水路南下，准备到江陵与刘备会合。曹操得知消息后，率五千精锐骑兵急驰三百里追击，在当阳长坂（今湖北省当阳市东北）击溃刘备军队。刘备、诸葛亮、张飞、赵云等带着数十名随从逃脱，与关羽会合后，渡过汉水（今汉江），与刘表长子刘琦一同退居到夏口（在今湖北省武汉市黄鹄山上），并派诸葛亮去柴桑（治今江西省九江市西南）见孙权，准备联合孙权抗击曹军。

此时，曹操已占领荆州。他一边集中水陆大军，顺江而下，准备消灭刘备；一边派人给孙权送信，以80万大军相威胁。面对咄咄逼人的曹操，孙权怕被其吞并，马上召集群臣商量对策。会上主战和主和的两派争论不休。

诸葛亮到达柴桑后，与鲁肃、周瑜一同为孙权分析形势，指出了曹军的弱点：首先，马超、韩遂尚在关西（泛指函谷关或潼关以西的地区），曹操的后方不稳；其次，曹军皆是北方人，不习水战；再次，曹军远道而来，已经疲惫不堪，且新归附他的人还没有臣服于他；最后，曹操的士兵初到南方，水土不服，势必会生病。孙权听完，果断决定联合刘备，和曹操决战。

曹操想快点儿打败孙权，就派一支水军过江试探，结果一交战就被打败了。他只好率军退到江北的乌林（今湖北省洪湖市东北长江北岸乌林镇），让军队沿长江扎营，将战船一字摆开，严密防守，跟孙刘联军隔江对阵。

北方的士兵不习惯坐船，江面上又时常刮大风，士兵们十有八九都晕船，动不动就"哇哇"直吐，有的连饭也吃不下，更别说在船上作战了。曹操急得让大家赶紧想办法。有人献计说："咱们把船三五条、十来条连在一起，用铁锁链拴住，上面钉上木板，合成一条大船。这样人在船上就好像在陆地一样，再大的风浪也不怕了。"

◀ 三国赤壁之战遗址

曹操觉着这个主意不错，就下令连夜打造铁链，用木板把战船一条一条连在一起。果然，晕船的人马上就减少了。但"铁索连船"有一个致命的弱点，就是怕火。

周瑜手下的部将黄盖说："现今敌众我寡，不

▲ 三国赤壁之战遗址

能打持久之战。曹军的战船首尾相连，我们可用火攻之计。"于是，黄盖先给曹操送了一封书信，假意投降。然后，他带领十几艘满载柴草和油脂的战船驶向长江对岸的曹军。曹操和他手下的官吏皆站在岸边等着黄盖前来。距离岸边两里多

时，黄盖命人点燃战船，恰在此时，东南风起，火烈风猛，曹操的战船接连燃起熊熊大火。不一会儿，北岸曹军驻地便成了一片火海，曹军死伤无数。孙刘联军水陆并进，曹操不敢再战，率领残兵退回北方去了。

赤壁之战，孙刘联军大获全胜。而赤壁则成了曹操的折戟之处，终其一生，他再也没能打过长江。经此一战，三分天下的格局初步形成。

三国鼎立局面的确立

赤壁之战后，曹操退回北方。220年，曹操病逝，汉献帝刘协禅位于曹操的儿子曹丕，东汉亡。曹丕建立魏国，都洛阳（今河南省洛阳市），史称"曹魏"。221年，刘备称帝，国号"汉"，都成都（今四川省成都市），史称"蜀汉"。229年，孙权称帝，国号"吴"，都建业（今江苏省南京市），史称"孙吴"。

280年，西晋灭吴，统一全国，结束了三国鼎立的局面。

司马昭之心——西晋的短暂统一

> **导语**
>
> 成语"司马昭之心，路人皆知"的意思是说一个人的野心非常明显，为人所共知。那么司马昭到底做了哪些事，让他的野心路人皆知呢？

东汉末年三国鼎立，各方群雄"你方唱罢我登场"，却没有出现一个像秦、汉一样的大一统封建王朝。直到 280 年，司马懿的孙子晋武帝司马炎灭掉孙吴后，才结束了分裂的时代。为什么最后是司马家胜出了呢？这要从司马懿说起。

司马懿，字仲达，河内温县（今河南省温县西南）人，是三国时期著名的政治家、军事家，西晋王朝的奠基人。他出身于世家大族，曾任职过曹魏的大都督、大将军、太尉等，辅佐了曹魏三位皇帝，最终成为掌控曹魏朝政的权臣。

　　曹操取得官渡之战胜利后不久，急需招揽人才，他听说司马懿很有才干，便想征召他出来做官。可司马懿不愿应召，但是他又不敢公开拒绝曹操，就假称自己得了病，起居不便。曹操怀疑司马懿有意推托，秘密派人深夜前去察看。司马懿事先得到消息，就一直躺在床上。夜静更深时，前去打探的人潜入司马懿卧室后，见司马懿直挺挺地躺在床上，便拔刀向他砍去，谁料司马懿一动不动。这人认为司马懿是真的病了，就收起刀向曹操汇报去了。

◀ 司马懿画像

　　后来，曹操当了丞相，又想起了司马懿，决定再次征召他。他对使者说，如果司马懿还不应召，就把他抓起来。司马懿惧怕曹操，只好就职。

司马懿先后在曹操和魏文帝曹丕、魏明帝曹叡手下担任重要职位，大力推行屯田制、兴修水利，促进了北方经济的恢复和发展，增加了国家的财政收入。由于长期带兵跟蜀国作战，曹魏兵权逐渐落入司马懿手里。司马懿善谋，且多有奇策，征伐有功，其中最为显著的功绩是率大军成功对抗诸葛亮北伐和远征平定辽东（泛指今辽河以东地区）。

景初三年（239年），魏明帝曹叡去世，司马懿和曹魏权臣曹爽同受遗诏，辅佐年幼的齐王曹芳。曹爽妒忌、排挤司马懿，把他从掌管军权的太尉调任为尊贵却无实权的太傅。对此，司马懿并不甘心，他假意称病，不参与朝政，却在暗中布置力量，密谋夺权。嘉平元年（249年），司马懿和他的儿子司马师趁曹芳和曹爽到洛阳（今河南省洛阳市）高平陵祭祀魏明帝之时，突然发动政变，迫使曹爽交出兵权，后他又杀死曹爽及其党羽。

从此，曹魏政权落到司马氏手中。司马懿死后，司马师继掌大权，他废掉曹芳，另立14岁的曹髦为帝。但没过多久，司马师得了重病，死前他把一切权力交给了弟弟司马昭。

司马昭总揽大权后，野心更大，想取代曹

髦。他不断铲除异己，打击政敌。年轻的曹髦知道自己即便做"傀儡"皇帝也休想做久，迟早会被司马昭除掉，于是曹髦打算铤而走险，想用突袭的办法，除掉司马昭。

一天，曹髦把自己的心腹大臣找来，对他们说："司马昭之心，路人所知也。我不能忍受被废的耻辱，我要你们同我一起去讨伐他。"几位大臣知道这样做等于飞蛾投火，都劝曹髦暂时忍耐。一个叫王经的人对曹髦说："当今大权落在司马昭手里，满朝文武都是他的人，您的力量薄弱，如果莽撞行动，后果不堪设想，应该慎重考虑。"曹髦不听劝告，亲自率领左右仆从、侍卫数百人袭击司马昭。谁知早有人把消息报告给了司马昭。司马昭立即派兵阻截，杀掉了曹髦。

事后，司马昭立曹操的孙子曹奂为帝，是为

◀ 司马昭画像

魏元帝。景元四年（263年），司马昭派18万大军攻打蜀汉，蜀汉后主刘禅投降，蜀国灭亡。这样，司马氏家族彻底击垮了曹氏集团和蜀汉政权，势力进一步壮大。

司马昭灭蜀后不久就病死了，他的儿子司马炎于咸熙二年（266年）十二月称帝，改国号为晋，改元泰始，定都洛阳，史称"西晋"。

司马炎建立西晋政权后，便力革曹魏积弊，西晋经十余年发展，一跃成为中原强国。与此相反，吴国政权腐朽不堪，日趋衰败。司马炎适时采纳镇南大将军杜预和中书令张华等人的建议，出动20余万大军一举灭掉吴国，实现了全国统一。

乐不思蜀

魏国灭掉蜀汉之后，刘禅被安置在洛阳。一天，司马昭邀请刘禅宴饮。在宴会上，司马昭命人表演蜀国的歌舞，蜀国原来的官员看到后都很伤心，唯独刘禅很高兴。过了几天，司马昭问他："您有没有想念蜀国啊？"刘禅回答说："我在这里很快乐，不想念蜀国。"后来，人们就用"乐不思蜀"来形容乐而忘返或者乐而忘本。

三国两晋南北朝历史人物故事

▲ 魏晋墓砖画牧马图

何不食肉糜
——白痴皇帝与"八王之乱"

> **导语**
>
> 西晋灭吴重新统一全国，但只是"昙花一现"。这期间，西晋经历了长达16年之久的"八王之乱"，所以西晋相对安稳的时间只有20多年，之后就迅速地崩溃了。

太熙元年（290年），晋武帝司马炎去世，他的儿子司马衷即位，是为晋惠帝。

晋惠帝是个非常可怜的皇帝，他在位17年，从没拥有过实权，一直都在别人的挟持下过活。后世对他的评价是两极分化的。有人认为中国历史上除了那些小皇帝，就数晋惠帝最无知了。明末清初著名思想家王夫之说："晋惠帝的愚蠢，从古至今没有能和他相比的，国家也因为他的愚蠢而灭亡了。"另一种说法认为，晋惠帝因为没有实权，长期被人挟持，如果表现出振兴图强的意愿，就会被人杀掉，所以他只有通过装傻，才能保住皇位，才能活命。

但从一些史料来看，晋惠帝确实有些愚蠢。据史书记载，晋惠帝从小生长于宫廷之中，过着锦衣玉食的生活，不懂民间疾苦。当时天下已经大乱，全国都在闹饥荒，许多百姓被饿死。晋惠帝得知灾情后感到很吃惊，他不明白怎么会有人被活活饿死。他对大臣说："百姓饿了为什么不吃饭？"大臣回答："田里的庄稼都死了，没有稻谷可以收获了。"晋惠帝又问："既然没饭吃，他们为什么不吃肉粥呢？"大臣们哭笑不得。

又有一次，他带着随从在华林园里游玩，突然听到青蛙在池塘里鸣叫，就停下脚步问："这些青蛙是官家的还是私家的？"旁边的侍从面面相觑，猜不透晋惠帝在想什么。有个人回答："青蛙在官家的地里就是官家的，在私家的地里就是私家的。"由此可见，晋惠帝确实不太聪明。

早在西晋建国的时候，晋武帝司马炎担心政权被异姓人篡夺，便分封了27个同姓王，不但允许他们自选封地中的官员，还准许他们拥有地方兵权。司马炎认为，这样可以使整个国家政权全部掌握在司马氏家族手中。可是令司马炎没有想到的是，这样做虽然可以避免外姓人掌控朝政，但诸王后来大多都卷入了争夺中央统治权力的斗争，反而削弱了中央皇权的统治。

晋惠帝画像 ▶

在晋惠帝即位后，他的母亲杨太后假传遗诏，让她的父亲杨骏辅政，然后将另一位辅政大臣汝南王司马亮赶到许昌（治今河南省许昌市东）。杨骏刚愎自用，提拔了很多亲信，引起其他宗室不满。晋惠帝的皇后贾南风也不满杨骏专权，想干预朝政，自此"八王之乱"便开始了。贾南风密诏楚王司马玮入京（即洛阳，今河南省洛阳市），诛杀了杨骏及其党羽，并重用汝南王司马亮和朝臣卫瓘。接着，贾南风又让晋惠帝发密诏，命楚王司马玮杀了司马亮和卫瓘。然后，贾南风便构陷司马玮假传圣旨杀人，可想而知，司马玮也被除掉了。随后，贾南风又杀了杨太后。自此，皇后贾南风扫清了障碍，开始独揽朝政大权。

元康六年（296年），赵王司马伦应召入京，赢得了贾南风的信任。他很想做皇帝，在掌握了禁军和朝政后，便设计杀了贾南风及其党羽。永宁元年（301年），司马伦囚禁了晋惠帝，自称皇帝。齐王司马冏、成都王司马颖、河间王司马颙等人听到消息后，心中不满，便起兵讨伐司马

狗尾续貂

赵王司马伦夺取皇位后，天下有识之士皆不认同他的天子之名。司马伦把大大小小的官职都封给了他的亲信。据《晋书·赵王伦传》记载，当时的官员用珍贵的貂尾做帽子的装饰，但由于司马伦封了太多的官，貂尾不够用，只好用狗尾巴来代替。因此，民间用"貂不足，狗尾续"的俗语来讽刺朝廷任官太滥。后即以"狗尾续貂"比喻拿不好的东西接在好的东西的后面。

伦。最终，赵王司马伦被杀，晋惠帝复位。此后，诸王再次陷入争夺权力的斗争中。

光熙元年（306年），东海王司马越掌握朝政大权，杀死成都王司马颖和河间王司马颙，并毒死晋惠帝，自此长达16年之久的"八王之乱"才宣告结束。

"八王之乱"给西晋政权带来了毁灭性的影响。黄河流域的广大农村变成了战场，农业生产遭到严重破坏，百姓大量死伤和流亡。而官府却日益腐败，对百姓加倍欺凌，许多流民背井离乡，但依然找不到安身立命之所，被迫起来反抗。自永宁元年（301年）开始，全国各地相继爆发了流民起义。

王与马，共天下——东晋奇闻

> **导语**
>
> 东晋时期，民间流传着一句话："王与马，共天下。""王"与"马"分别指的是谁呢？"共天下"又是什么意思呢？

建兴四年（316年），匈奴贵族建立的汉国灭掉了西晋。

西晋灭亡后，琅邪（今山东省临沂市西北）王司马睿在江南建立政权，定都建康（今江苏省南京市），史称"东晋"。东晋与十六国南北对峙，这段时期是中国历史上一个纷乱的时代。

司马睿是在世家大族琅邪王氏的扶持下建立起东晋政权的，故而被后世称为"王与马，共天下"。琅邪王氏为什么会有这么大的能量扶持司马睿建国呢？这还要回到西晋末年。

在西晋大乱之时，西晋统治者中的许多人都

在考虑退居江南。永嘉元年（307年），东海王司马越安排琅邪王司马睿为安东将军，让他统管江南军事。在战乱的影响下，以琅邪王司马睿和王氏家族为首，大量北方的世家大族和流民纷纷渡过长江南下。

司马睿到达建康后，在王导的帮助下得到了北方士族的支持。王导是谁呢？他是东晋时期著名的政治家、书法家，出身士族，很早时就和司马睿结为了好友。

司马睿画像 ▶

王导建议司马睿拉拢江南士族。但是江南士族在西晋时一直受排挤，因此并不支持司马睿。王导的堂哥王敦，当时是大将军，很有势力。王

> ### 衣冠南渡
>
> 衣冠：古代士以上的服装；南渡：南迁。衣冠南渡最初指的是西晋末年大批士族及百姓随司马睿南下避乱之事。其后，中国历史上还有几次大规模人口南迁事件，人们把这些南迁事件统称为"衣冠南渡"。

导把王敦请到建康，两人商量出一个主意。在上巳节禊会时，当地人会去水边祈福。这天，王导与王敦带领北方名流骑着高头大马，簇拥着乘坐轿子的司马睿去观看当地的盛会，以此显示他们对司马睿的拥戴。江南有名的士族看到这个场景，大吃一惊，就争相拜见司马睿。后来，江南士族也纷纷归附司马睿。

至此，司马睿便在江南站稳了脚跟。

建武元年（317年）三月，晋愍帝投降的消息传到建康，司马睿称晋王，次年称帝，是为晋元帝。

司马睿登基的那天，王导和文武官员分列两旁。司马睿见到王导，就从御座上站了起来，让王导和他一起坐在御座上接受百官朝拜。

这个意外的举动，使王导大为震惊。王导

坚决推辞，司马睿便不再勉强。但是司马睿知道自己能够得到皇位，全靠王导、王敦兄弟的帮助。所以，司马睿封王导为宰辅，让他掌管朝廷大事，又加封大将军王敦为江州（辖境相当今江西、福建二省和湖北省长江以南、陆水以东以及湖南省舂陵水中上游以东地区）牧，统管军事。王家的子弟中，有很多人都被封了重要官职。所以当时才有"王与马，共天下"的说法。

王导画像 ▶

虽然司马睿当上了皇帝，但是他对王导和王敦两人心存忌惮。本着加强皇权的目的，司马睿开始疏远王导。王导和王敦心有不满，王敦便联合南方士族起兵叛乱，迅速攻占了建康，杀掉司马睿的心腹后退兵。不久，司马睿去世，他的儿子司马绍即位，是为晋明帝。王敦气焰更胜，再次叛乱，不料突然生病去世，叛军遂土崩瓦解。王氏的权势才得到稍稍抑制。

"王"与"马"的结合，是中央皇权衰微，而地方门阀势力强大的必然结果。虽然这种结合奠定了东晋皇室和琅邪王氏在江南的地位，但是也使东晋皇室一直难以摆脱门阀的控制。在士族支持下建立起来的东晋王朝，从一开始就充满着各种矛盾，尤其是皇室和几个强大士族之间的矛盾，这导致东晋的政局不稳，同时也加重了百姓的痛苦。

门阀

阀是古代仕宦人家大门外的柱子，常用来张贴功状。门阀指封建社会中的世代显贵之家。门阀的前身是魏晋时期有特殊地位的地主阶层，到西晋时社会上形成"上品无寒门，下品无势族"的局面，即广大庶族地主以及一般的人很难步入上品。门阀制度在东晋时达到鼎盛。

出师未捷身先死
——东晋名将祖逖

> **导语**
>
> 相信大家对"闻鸡起舞"和"中流击楫"这两个成语一定不陌生，可它们与祖逖有什么关系呢？

祖逖，范阳遒县（今河北省涞水县北）人，生于晋武帝泰始二年（266年），他的父亲祖武曾做过上谷（治今河北省怀来县东南）太守。祖逖少时为人豪爽，一身侠气，喜欢结交朋友，常常拿出家中积存的布帛和粮食，接济穷苦的乡邻。

祖逖青年时期，时局动荡不安。当时，皇帝昏庸，朝政腐败，权贵之间相互倾轧。祖逖对此深恶痛绝，萌生了救国救民、济世匡时的志向。他博览群书，从史籍中探求定国安邦的良策；他还经常去京师洛阳（今河南省洛阳市）考察社会现实。见过他的人，都称赞他有治世之才。

后来，祖逖侨居阳平（治今河北省馆陶县）。在他24岁时，阳平的官员举荐他为孝廉，司隶的官员又再次推举他为秀才，祖逖都没有去。后来，他与好友刘琨一起担任司州（治今河南省洛阳市东）主簿，两人都怀有建功立业的远大理想。他们相互鼓励说："如果天下大乱，豪杰并起，我们应当在中原干一番事业！"一天深夜，祖逖突然听到鸡叫声。古人认为半夜鸡鸣是不祥之兆，但祖逖却叫醒刘琨说："此时鸡鸣，这是老天在激励我们上进啊！"于是，两个人来到屋外开始练武。现在我们常用成语"闻鸡起舞"来比喻志士及时奋发。

◀ 祖逖画像

西晋建立初期，晋武帝司马炎为了巩固统治，分封大量司马氏子弟为王，并给予这些诸侯王很大权力。然而，这却为"八王之乱"埋下了隐患。诸王大动干戈，周边少数民族趁机南下，统一的中原逐渐走向分裂。当时北方和巴蜀地区先后出现十几个割据政权，人们习惯上称这一时期为"十六国时期"。因这些政权多是由匈奴、鲜卑、羯、氐、羌等五个少数民族上层建立的，因此历史上又有"五胡十六国"的说法。这一时期，北方处于割据混战的状态，社会经济遭到严重破坏，百姓生活困苦。

由于战乱不断，祖逖带着数百亲党一起南下避难。他自己徒步行走，用车马载着老弱妇孺，他所带的药物、衣服、粮食也与众人共享，大家都非常尊敬他。他们到达泗口（在今江苏省淮安市西南）时，琅邪王司马睿任命祖逖为徐州（治今江苏省徐州市）刺史，后又征他为军谘祭酒，祖逖便到了京口（今江苏省镇江市）。

祖逖心向北方，感念百姓流离失所的困境，便上书司马睿，请求出兵北伐。这时，司马睿还没有登上皇位，但是依靠南北世家大族的支持，已经稳定了在江南的统治。司马睿任命祖逖为奋威将军，给了他三千匹布和一千人的粮饷，没派一兵一卒，也没给他兵器、铠甲，让他自己去招募士兵。

建兴元年（313年），祖逖率领原来的数百亲党横渡长江，在船行到江中时，他敲打着船桨发誓："祖逖如果不能使中原光复，就像大江一样有去无回！"渡江后，他冶铸兵器，并募得两千余人。祖逖中流击楫，渡江北伐，成为千古传颂的壮举。

经过几年艰苦斗争，祖逖收复了黄河以南的大片土地。在北伐过程中，祖逖亲眼目睹了战争给百姓带来的灾难，他在生活上严格要求自己，朴素节俭，并与将士同甘共苦，同宗族子弟一起耕地、担柴，受到了士兵和百姓的爱戴。

东晋建立后，中原百姓盼望司马睿能发兵北伐，帮助他们脱离苦海。那些为躲避战乱迁居江南的北方人士也不甘心流落异乡，渴望有朝一日能够回归故土。正当祖逖准备继续北伐的时候，东晋统治阶级内部的矛盾爆发了。司马睿手中无兵，只好依靠祖逖的军队，他派人把祖逖收回的州县都控制在自己手里，借以牵制祖逖的势力。祖逖知道内乱将兴，北伐无望，于是忧愤成疾，大兴四年（321年）他在遗憾中死去。

祖逖死后，王敦之乱随即爆发，而祖逖北伐的成果也很快化为乌有。

⊘ 东晋时期的北伐

东晋自始至终都有北伐之举，北伐大将先后有祖逖、庾亮、殷浩、桓温、刘裕等人。但因为东晋内乱不断，加上北方少数民族政权势力强大，东晋发动的北伐之举皆以失败告终。

投鞭于江，足断其流
——淝水之战

导语 "旧时王谢堂前燕，飞入寻常百姓家。"这句诗里的"王"与"谢"，说的是东晋两个著名的家族——王家与谢家。王家的著名人物有书法家王羲之，谢家则有指挥淝水之战的宰相谢安。

自西晋末年到北魏统一北方期间，各少数民族上层分子和汉族官僚地主在割据混战中纷纷建立政权，其中影响较大的政权有十六个，历史上称为"十六国时期"。

十六国中最强大的政权是氐族建立的前秦。前秦王苻坚任汉人王猛为丞相，改革吏治，发展农业，使前秦国力不断增强。经过改革，前秦基本上完成了封建化的过程，逐步统一了北方。苻坚统一北方后，前秦与东晋形成对峙的局势。东晋太元八年（383年）七月，苻坚下诏大举伐晋，征选了20岁以下的富家子弟3万多人。八月，苻坚从长安（今陕西省西安市）出发，率领步兵60多万、骑兵27万南下进攻东晋。然而，苻坚的大军却被东晋8万"北府兵"打败。这场战役史称"淝水之战"。

在这场战役中，运筹帷幄、夺取胜利的指挥者便是东晋宰相谢安。

谢安，字安石，出身于士族。史书记载，他性情温和，有非凡的气度。谢安曾与友人泛舟大海，海上风起浪涌，众人十分惊恐，谢安却吟啸自若。船夫因为谢安高兴，依旧驾船漫游。风浪逐渐转大，谢安慢慢说道："这么大的风我们将如

谢玄与"北府兵"

谢玄，东晋名将，谢安的侄子。为抵御前秦袭扰，谢玄招募北方南迁民众中的骁勇之士，组建训练了一支精锐部队，号为"北府兵"。淝水之战中，谢玄任前锋都督，首战告捷后，他抓住战机，计诱前秦军后撤，乘势猛攻，取得以少胜多的巨大战果。

三国两晋南北朝历史人物故事

▲ "风声鹤唳，草木皆兵"典故发生地八公山

何返回呢？"船夫听了后，立即驾船返航。众人无不钦佩谢安宽宏镇定的气度。

◀ 谢安画像

回到前文，苻坚的弟弟苻融率25万士兵沿颍水（今颍河）前进，很快就到了颍口（今安徽省颍上县东南）。苻坚率军进至项城（今河南省项城市），其他的军队也相继南下。苻坚曾骄傲地说："我有百万之军，把每个士兵的马鞭子都扔到江里，就能截断水流。"

东晋的官员听说苻坚率大军南下，多惶恐不安，宰相谢安则沉着冷静。他建议孝武帝司马曜任命他的弟弟谢石为征讨大都督，侄子谢玄为前锋都督，让他们率领战斗力强大的"北府兵"准备迎战。

苻坚大军一路南下攻下寿春（今安徽省寿县），东晋将领胡彬退居硖石（在今安徽省寿县西北）。苻融一面攻打硖石，一面派人进驻洛涧（今安徽省定远县西），封锁淮水（今江苏省秦淮河）阻挡东晋军。屯驻在硖石的胡彬因为缺少粮草便派人给谢石送信说："如今敌人强盛而我方没有粮草，恐怕我见不到大军到来了。"不料，该信件被前秦军截获。苻坚得知后立刻率领八千精骑赶往寿春，并命原东晋将领朱序前往东晋营中劝降谢石。

朱序则劝谢石乘着前秦大军未到之时，率兵

攻打前秦军的前锋，挫其锐气。最终，谢石派精兵五千偷袭前秦军，歼灭前秦军一万五千人。接着，谢石等人率军沿淮水水陆并进，在淝水（今东淝河）东岸与前秦军隔河对峙。

苻坚与苻融登上寿春城头，观看淝水对岸东晋军的动静。当时正值隆冬时节，他们远远望去，见东晋军军容整肃，将士精锐，又北望八公山（在安徽省寿县东北淮河之南、东淝河北），以为山上草木皆是东晋士兵，内心十分害怕。苻坚惊恐地说："怎么能说晋军弱呢，这可是一支劲旅啊！"

谢安清楚，两军对峙时间长了，必然对东晋军不利。于是，他命谢玄派使者对苻融说："您孤军深入，把军阵摆在淝水边上，这是做持久的打算，而不是想速战速决。如果您把阵势稍稍向后退却，让我军渡过淝水，我们来决一胜负，不是很好吗？"苻坚骄傲轻敌，果然中计，答应了谢安的要求，打算趁东晋军渡江时加以截击。

前秦军队听见苻坚的命令后开始后退，不料队伍大乱，朱序又在阵后大喊"秦军败了！"，队伍更加混乱。苻融想要阻止，结果落马被杀。晋军乘机渡河追击，前秦军死伤无数。苻坚中箭负伤，逃回北方，最终前秦军只剩下十多万人了。

谢石和谢玄派人快马加鞭地往建康（今江苏省南京市）报信。当时谢安正在家中跟客人下棋，看了捷报，不露声色，依旧下棋。客人忍不住问谢安："战况如何？"谢安慢吞吞地说："孩子们把秦军打败了。"客人听了起身告辞，想要赶紧把这个好消息告诉别人。客人走后，谢安再也按捺不住兴奋的心情，跨门槛的时候，踉踉跄跄地把穿在脚上的木屐的屐齿都碰断了。

淝水之战后，前秦元气大伤。不久，北方再度陷入分裂混战的局面。东晋乘胜攻占了洛阳（今河南省洛阳市）、彭城（今江苏省徐州市）等地。

一代"书圣"——王羲之

> **导语**
>
> 在古代，能被称作"圣人"的，都是某一个领域的佼佼者。王羲之就被人们称为"书圣"，他兼善隶、草、楷、行各体，博采众长，自成一家，影响了一代又一代的书法大家。

唐太宗李世民酷爱书法，他不仅大量搜集一位书法家的书法真迹，用来临摹、欣赏，还写文章称颂他是古往今来最伟大的书法家，这位书法家就是号称"行书第一人"的王羲之。因为唐太宗的提倡与推崇，王羲之在中国书法史上"书圣"的地位得以巩固。

书法在中国具有悠久的历史。在世界美术史上，文字的书写能成为一种艺术，中国的书法是一个孤例。

王羲之，字逸少，琅邪临沂（今山东省临沂市）人，出身于世家大族，随父辈同晋元帝司马睿南迁，徙居会稽山阴（今浙江省绍兴市），他的父辈都是当时著名的书法家。

王羲之12岁时，在他父亲房中看到一本前人讨论书法的《笔论》，就偷偷地拿来读，还按照《笔论》中所讲的方法，天天起早摸黑地练习，连平时走路的时候，也不忘揣摩字体的间架结构和运笔方法。他常常一边想，一边用手指在衣服上比划，日子久了，衣服都被划破了。天长日久，王羲之的书法水平有了很大的提高，连他的老师卫夫人也赞叹道："这孩子将来一定会超过我！"王羲之并没有因为老师的表扬而骄傲自满，

⊘ 卫夫人与《笔阵图》

卫夫人，名铄，字茂漪，东晋著名女书法家，是王羲之少时的书法老师。卫夫人在书法艺术实践和理论方面都有突出成就，传说她著有《笔阵图》一卷，针对七种基本笔画的写法提出了七条标准："横"如千里阵云、"点"如高峰坠石、"撇"如陆断犀象、"戈"如百钧弩发、"竖"如万岁枯藤、"捺"如崩浪雷奔、"环"如劲弩筋节。

临帖更用心、更刻苦了。据说，他练字用坏的毛笔都堆成了一座小山，他用来洗毛笔、冲砚台的水池都变成了黑色。

◀ 卫夫人画像

经过勤学苦练，王羲之的书法技艺越来越高，一变汉、魏以来的质朴书风，自成一家，创造了妍美流便的新体。遗憾的是，王羲之的书法真迹已无从寻找，现今流传下来的书法作品为唐代摹本，其中以摹本《兰亭集序》的艺术成就最高。

永和九年（353年）三月三日修禊节，王羲之与谢安等一众风流名士在会稽山（在今浙江省中部绍兴、嵊州、诸暨、东阳等市间，为钱塘江支流浦阳江与曹娥江的分水岭）北面的兰亭，举行了一场曲水流觞盛会。名士们饮酒赋诗，兴致很高。王羲之将这些诗赋辑集，并作了一篇序文，这篇序文就是不朽名作《兰亭集序》。《兰亭集序》行书法帖传世摹本共28行，324个字，文字俊秀、形神兼备，仿若自然天成，在结构、执笔、用笔、用墨、分布等方面达到了行书艺术的高峰，被后人誉为"天下第一行书"。相传，《兰亭集序》真迹在唐朝时为酷爱王羲之书法的唐太宗所得，他爱不释手，命欧阳询等人摹拓，还将摹本分赐给皇子和大臣们。有人认为《兰亭集序》的真迹被当作陪葬品随唐太宗葬入昭陵了。直到现在，《兰亭集序》的传世本尚未被发现。

关于王羲之练字、写字的趣事有很多。

相传，王羲之喜欢鹅，他认为鹅在水里游泳

王羲之画像 ▶

的姿态十分优雅，通过观察鹅的动作、神态能悟到书法中执笔、运笔的方法。听说有个道士养了一群漂亮的白鹅，王羲之就想买下。当道士知道买鹅人就是大名鼎鼎的王羲之时，便说："你要是能帮我写《道德经》，我就把鹅都送给你。"王羲之欣然答应，挥笔写就，便赶着鹅回家了。书法史上"书成换白鹅"的佳话从此流传下来。

还有一个"题扇"的故事。一天，王羲之在蕺山（在浙江省绍兴市东北部）遇到一位老婆婆在卖竹扇。因为竹扇没有什么装饰非常普通，少有人买，老婆婆十分着急。王羲之看见了，就在每把竹扇上都题了字。老婆婆看到好好的扇子被写上了字，就很生气。王羲之说："您跟别人说扇子上的字是王右军题的，每把扇子就可以卖一百钱了。"老婆婆只好照着王羲之说的去做，果然扇子很快就被卖光了。后来，老婆婆又找王羲之题字，王羲之笑笑没有答应。

王羲之的儿子王献之，很小就在父亲的指导下学习书法。有一次，为了检查王献之的笔力，王羲之悄悄地站在王献之背后，趁他集中精力写字时，猛地用手指夹住毛笔往上提拉，谁知王献之握笔很紧，毛笔没有被夺下来。王羲之对此很满意。后来，王献之在继承书法家张芝和王羲之的书法风格的基础上，进一步改变当时古拙的书风，其书法豪迈俊美，后人将王羲之和王献之父子二人并称为"二王"。

中国书法艺术始于春秋战国时期，历代名家辈出，在继承中不断发展，被誉为：无言的诗，无行的舞，无图的画，无声的乐。

张芝

张芝，字伯英，东汉著名书法家，善草书，被誉为"草圣"，相传现今的草书就是他创造的。王羲之和王献之的草书颇受其影响，极其推崇他的书法。

不为五斗米折腰——陶渊明

导语　大诗人陶渊明在其名作《桃花源记》中描绘了一个理想社会,那里与世隔绝,没有战乱,男女老少怡然自乐。这篇文章寄托了陶渊明的理想以及他对和平自然生活的追求。

陶渊明,字元亮,自号"五柳先生",浔阳柴桑(今江西省九江市西南)人。又有人说陶渊明名潜,字渊明。陶渊明出生在社会动荡不安的东晋年间,那时,北方地区政权林立,战乱不断;南方的东晋政权延续了西晋浮夸奢靡的风气,官场上争权夺利,作乱之事时有发生。陶渊明的曾祖父是东晋名将陶侃,曾官至太尉,食邑三千户,可是到了陶渊明父亲这一代,家境就已经败落了。

少年时期的陶渊明怀着建功立业的雄心壮志,想像他的祖辈一样干一番大事业。尽管生活清贫,但陶渊明仍好学不倦,博览各家经典,每当对书中内容有了新的领会,他就高兴地忘了吃饭。陶渊明擅长写文章,其文洒脱自然,卓尔不群,曾作《五柳先生传》自娱。

年近三十时,陶渊明踏上仕途,作了江州(辖境相当今江西、福建二省和湖北省长江以南、陆水以东以及湖南省春陵水中上游以东地区,后辖境渐小)祭酒。他上任后,因为厌恶官场上的钩心斗角,不久就辞去官职,回老家种地去了。

后来,江州又聘任陶渊明为主簿,他没有去,清贫的生活使他的身体很孱弱。亲友们多次

陶渊明画像

> **祭酒**
>
> 祭酒，原意指在祭祀或宴会时，由一位德高望重的人举酒领祭，是一种荣誉。汉武帝时设置了五经博士，首长称博士仆射，东汉改为博士祭酒，自此祭酒成为学官名。西晋改博士祭酒为国子祭酒，主管国子学或太学；隋以后称为国子监祭酒，是国子监的主管官员；清光绪三十一年（1905年）废国子监，国子监祭酒随之废置。

劝他再出去做官。之后，陶渊明又做过镇军参军、建威参军等小官，他对亲友说："我姑且去弹琴歌唱，为将来的生活做准备，可以吗？"当政者听说后，把他调到彭泽县（治所在今江西省湖口县东南三十余里柳德昭村附近）当县令。405年，陶渊明到离家百余里的彭泽县上任，俸禄五斗米。不久，郡守派督邮来县里视察。督邮是上级派往各地巡察地方官员政绩的小官。县吏请陶渊明穿戴整齐去见督邮。陶渊明对这种假借上司之名发号施令的人很是瞧不起，他觉得这是一件屈辱的事，长叹一声说："我怎么能为了这五斗米的俸禄，向乡里小人折腰呢！"于是，上任仅80多天的陶渊明解下印绶，弃官不干了。从此，陶渊明与官场彻底决裂，再也没有做过官。后来，人们用"不为五斗米折腰"来形容一个人为人清高，有骨气。

陶渊明在自己的家乡开荒种田，过起了自给自足的田园生活。在此期间，他写下了许多优美的田园诗，如《归园田居》《饮酒》《读山海经》等。陶渊明的诗质朴淡雅，意境深远，他开创了一代田园诗风，因此被称为中国田园诗派的开山鼻祖。如"暧暧远人村，依依墟里烟"，以景之娴雅，见我之旷逸；"采菊东篱下，悠然见南山"，着意于心远，得之于真意；"种豆南山下，草盛豆苗稀"，见之于纯真，平实而自然；"不言春作苦，常恐负所怀"，表达晨昏日落，躬耕饱食之自豪；等等。

408年，陶渊明家中失火，宅院全被烧光

田园诗

在中国文学史上，陶渊明以田园景色和农村生活为题材创作了大量的诗歌，创立了中国古典诗歌的一个新流派——田园诗派。田园诗多描写乡村景物或农家、牧人、渔夫的日常生活，恬静悠然，给人一种清新淳美、诗情画意的感觉。

了，只能暂时以船为家。418年，陶渊明的家乡连遭旱灾、水灾等自然灾害，庄稼歉收，陶渊明生活十分贫困，他甚至到了向人借贷的地步。江州刺史很仰慕陶渊明，备了酒菜，亲自去探望他，陶渊明欣然相见。由此可见，陶渊明虽然生活清苦，但仍然是一位受人尊重的高士。

陶渊明晚年时更加厌恶官场，向往和平与安宁的生活，他憧憬着一个美好、自然、淳朴的理想社会。他用浪漫主义的手法把自己憧憬的理想社会描绘出来，写出了千古传诵的杰作——《桃花源记》。

陶渊明在《桃花源记》里描绘了这样一个理想社会：整齐的房舍，肥沃的田地，田间小

◀ 世外桃源

路交错相通,鸡鸣狗叫随处可闻。人们在田野里耕种劳作,老人和小孩们个个都安适愉快,自得其乐……

陶渊明给后人留下了百余篇诗文,李白、杜甫、白居易、苏轼等人都很崇拜他。陶渊明在中国文学史和思想史上占有重要地位。

集"三绝"于一身
——一代画师顾恺之

导语 　东晋著名画家顾恺之不但画技高超，而且博学多才。相传他有"三绝"，你知道是哪"三绝"吗？

顾恺之，字长康，小字虎头，晋陵无锡（今江苏省无锡市）人，出身于高门士族，他的父亲顾悦之当过东晋的尚书左丞。衣食无忧的顾恺之自幼接受了良好的教育，博学多才，工于诗赋、书法，尤其精于绘画，当时的人称他有三绝：才绝、画绝、痴绝。

所谓"才绝"，是说顾恺之有才气，擅长写诗作赋。

顾恺之曾写过一篇《筝赋》，写成以后对人说："这篇赋可以和嵇康的《琴赋》相比，如果没有人赏识，是因为我生在嵇康之后，而真正赏识我的文章的人，一定是因为我的文章写得好。"

所谓"画绝"，是说顾恺之擅长绘画，特别是人物画，尤为传神。

传说，顾恺之以画人物画见长，与他的母亲有关。顾恺之一出生，他的母亲就去世了。长大后，因为思念母亲，顾恺之经常向父亲询问母亲的模样，父亲就把母亲的样貌描述给他听。顾恺之拿起画笔开始画母亲的肖像，画好一张，就拿给父亲看。父亲摇摇头，他也不气馁，回去再接着画。就这样画了一张又一张，有一天他的父亲说："像极了。"他这才终于完成了一幅母亲的画像。

顾恺之画画，张张传神。据说他画的人物

嵇康与《琴赋》

嵇康，字叔夜，三国时期曹魏文学家、思想家、音乐家，"竹林七贤"之一，他在音乐上有很高的造诣，精音律，擅作曲，喜鼓琴，以弹《广陵散》著名。《琴赋》是一篇咏琴之作，嵇康在文中对琴制、琴曲、典故、琴声、指法、乐理等进行了详细论述。

画，有的数年都不点睛。人们问他原因，他说："形体的美与丑，与人的神韵没有关系，画像是否传神，关键在于眼睛。"有一次，顾恺之给人画扇面，画的是"竹林七贤"中的阮籍和嵇康，但还没有点睛，就把扇子还给人家了。扇子的主人问他为什么不画眼珠，他郑重其事地回答说："怎么能画上眼珠呢？画上了，人就活了，要说话了。"

关于顾恺之画人点睛，还有这样一个故事。有一年，建康城（今江苏省南京市）的瓦官寺（在今江苏省南京市秦淮区）想要修缮寺院，但苦于没有资金。顾恺之说，我来解决。顾恺之让寺院把一面墙粉刷为白色，他要在上面作画。一个多月后，一幅只有眼眶、没有眼珠的维摩诘菩萨像出现在人们眼前。然后，顾恺之让主持当众宣布，明天顾恺之要来点睛，前来观看的人要交钱。第二天，瓦官寺里聚满了人，他们都要看看顾恺之是怎么点睛的。顾恺之当众起笔点睛，片刻过后，维摩诘菩萨像便栩栩如生。民众纷纷拜服，个个慷慨解囊，寺院的修缮资金便募集齐了。

顾恺之的"痴绝"也极为有名。

顾恺之画像 ▶

有一次，顾恺之晚上睡不着觉，披上衣服在院子里溜达，仰望皓月当空，不由得诗兴大发，便大声吟咏起来。隔壁的谢瞻听到后，就称赞了他几句。这一称赞可不得了了，顾恺之一首接着一首，停不下来了。谢瞻实在困得不行，想要睡觉，可又不忍心扫了顾恺之的兴致，就让仆人继续称赞他。而顾恺之根本没发现人已经换了，就一直吟诗到天亮。

《晋书》中记载，顾恺之吃甘蔗与常人不同。人们一般都吃甜的地方，不甜的地方就扔掉。而顾恺之吃甘蔗是从末梢吃起，越吃越甜，身边的人觉得奇怪，顾恺之说："渐入佳境。"

顾恺之的作品真迹，今已无传，只有一些摹本留存于世，其中《女史箴图》和《洛神赋图》

最为人所熟知。除画作外，顾恺之还著有《论画》《魏晋胜流画赞》《画云台山记》等作品，其"迁想妙得""以形写神"等观点，对中国画的发展影响很大。

▲《洛神赋图》（局部）

竹林七贤

"竹林七贤"是魏晋年间七位名士的合称，包括：阮籍、嵇康、山涛、刘伶、阮咸、向秀、王戎。七人常聚在竹林之中畅饮高歌，世称"竹林七贤"。

穿汉服说汉话的鲜卑王
——北魏孝文帝

导语 北魏政权是由鲜卑族拓跋部建立的。北方游牧民族鲜卑的兴起结束了十六国的混乱局面，使北方重归统一。北魏的许多君主都崇汉尊儒，这一举动促进了鲜卑族与汉族的融合，也促进了北方经济的恢复与发展。

西晋灭亡后，司马氏在江南重建政权，中国北方则朝代更迭频繁，战乱不断。

383年，淝水之战使苻坚的前秦土崩瓦解。386年，鲜卑人拓跋珪在鲜卑各部酋长的拥戴下称王，重建鲜卑原来的代国，同年改国号为"魏"，史称"北魏"。拓跋珪进行了一系列改革，使北魏的国力逐渐增强。398年，拓跋珪正式称帝，是为道武帝，北魏成为北方最强大的国家。409年，明元帝拓跋嗣即位，他进一步拉拢豪门贵族，制定了政治、礼仪、法律等制度，使北魏更加强盛。

423年，太武帝拓跋焘即位，他进行了一些汉化的初步改革，对外作战也取得了一系列胜利，最终在439年灭掉北凉后统一了北方，北朝从此开始。

471年，孝文帝拓跋宏即位，他是一位杰出的政治家、军事家、改革家。他在位期间，大力

▲ 北魏都城平城沙盘模型

推行汉化政策。

孝文帝登上皇位时刚刚 5 岁，由其祖母冯太后临朝称制。冯太后足智多谋，能行大事，具有丰富的政治经验和治国才能，是一位很有作为的女政治家。自太和八年至太和十年（484—486 年），孝文帝在冯太后的帮助下在政治、经济等方面进行一系列重大改革，如推行俸禄制、均田制、三长制等，这些措施加速了北魏的封建化进程，为孝文帝后期的改革提供了保证。

在冯太后的严格教育和直接影响下，孝文帝积累了丰富的治国经验。太和十四年（490 年），冯太后病逝，孝文帝开始亲政。

为巩固封建统治、发展经济，孝文帝决定迁

均田制和新户调制

均田制是北魏至唐中叶计口分配土地的制度。太和九年（485 年），北魏孝文帝颁布均田法：计口分配无主空地、荒地；所授之田不准买卖，年老免课，身死还田；受田后不得迁徙。新户调制是百姓需向朝廷履行义务和缴纳一定赋税的制度。均田制和新户调制把更多的农民束缚在土地上，保证了国家的财政收入。

◀ 孝文帝画像

都洛阳（今河南省洛阳市）。

北魏的都城原来在平城（今山西省大同市北），经过近百年的发展，社会形势已经发生了很大变化，平城已经不适合作为都城了。平城偏居北方，气候寒冷，土地相对贫瘠，交通运输不便，在人口日益增长的情况下，粮食供应困难。而且，平城在当时地处边境，北部受到柔然的威胁，国家内部各民族之间也矛盾重重。经过综合考虑，孝文帝决定迁都。

但北魏贵族多为鲜卑人，他们世代居住在北

方，不愿南下洛阳，因此，迁都的阻力非常大。为保证迁都顺利进行，孝文帝进行了周密的部署和安排。太和十七年（493年），孝文帝以南伐的名义，率20万大军及文武官员从平城向南进发。大军到达洛阳的时候，正值雨季，道路泥泞，士兵经过长途跋涉，疲惫不堪。孝文帝假意要继续冒雨南下。众大臣纷纷跪于马前，苦苦劝阻。孝文帝利用群臣不愿南下的心理，宣布把都城迁到洛阳。众大臣无奈，只得同意。就这样，迁都之事定了下来。

迁都后，孝文帝紧接着又实行了多项改革措施。

太和十八年（494年）十二月，孝文帝下诏，禁止鲜卑人穿胡服，服装一律依汉制。次年六月，孝文帝又下诏禁鲜卑语，朝廷上有说鲜卑语者免官。在具体实行上，30岁以上者可暂不强求，30岁以下的，在朝廷上必须说汉话。

太和二十年（496年）春正月，孝文帝下令将鲜卑复姓改为单音汉姓，如将拓跋氏改为元氏、独孤氏改为刘氏、步六孤氏改为陆氏等。他还鼓励鲜卑贵族与汉族门阀世家通婚。此外，孝文帝十分重视汉化教育，他尊崇孔子，下令在洛阳修学校，促进了民族融合。

　　孝文帝的改革推动了汉族、鲜卑族和其他少数民族的交流、交往、交融，有利于中原经济的恢复和发展。他不失为中国历史上一个有作为的封建帝王，同时也是一位很有远见的政治家。

半生考察天下水
——郦道元与《水经注》

导语　《水经注》是中国古代地理名著，一直被古今中外的很多人士研究，明清时期还形成了专门研究该书及其作者的学问——"郦学"。你知道这本书及其作者吗？

如果有人问你：中国有多少条江、多少条河，你怎么回答？实际上，早在1500多年前，有人曾经统计过，当时江河的总数为1252条。这个人是谁呢？他就是南北朝时期北魏的郦道元。

郦道元，字善长，出生于范阳涿县（今河北省涿州市）。他的祖父和父亲都做过北魏的大官，因为工作需要，他们常常举家从一个地方迁到另一个地方，所以郦道元从小就跟着家人四处迁居。郦道元少时喜欢读书，也喜欢到有山有水的地方游览，奔泻的瀑布、翻滚的波浪、清澈的河水……都吸引着他。

有一天，郦道元读到《水经》这本书，他翻了几页，发现书上记载的水文资料有些不是很准确。因为历史的原因，有些河流改道了，有些城池改名了，可书上并没有记载。于是，郦道元打算给《水经》作注释，希望通过注释让阅览者弄清楚每条河流的来龙去脉。

《水经》相传为东晋郭璞所著，是中国第一部记述河道水系的专著，书中共记述了137条大小河流的源流和流经的地方，每水各成一篇，具有相当高的学术价值。不过这本书有些不足之处，就是它对每条河流的记述繁简不一，而且字句有很多讹误。

◀ 郦道元画像

郦道元给《水经》作注后，书中的河流从137条扩充到1252条，文字从一万多字增加到三十多万字，这本书就是大名鼎鼎的《水经注》。

郦道元是怎么做到的呢？

他先是查阅大量资料，阅读了大量的书籍。这通过看《水经注》就能知道，郦道元引证的文献资料有430多种。他几乎翻遍了有关历史和地理方面的所有书籍。

有了"读万卷书"的积累，还要有"行万里路"的历练。在这方面，郦道元很有经验，因为他从小就跟随父亲到各地去考察河道沟渠，长大后又利用出任北魏地方官的机会，经常外出实地考察，足迹遍及今秦岭、淮河以北和长城以南的广大地区。

在野外考察的过程中，郦道元身着粗布衣衫，脚蹬一双草鞋，一边走一边不断地与地图、文献进行对照，有时他还住下来向百姓了解当地的地理和人文历史。如果百姓家里有困难，他还前去帮忙。久而久之，大家觉得他和蔼可亲，都愿意和他交谈。有了百姓的帮助，郦道元的考察工作开展得很顺利。

有一次，他去考察渭水（今渭河），听人说渭水的支流磻溪（古水名，在今陕西省宝鸡市东南）是姜子牙钓鱼的地方，于是，他特地去察看了磻溪，并访问了当地的老人，还向他们打听有关姜太公钓鱼的传说。就这样，郦道元掌握了有关渭水和磻溪的第一手资料，在给渭水作注时，他把这些材料都补充了进去。

还有一次，郦道元在黄河南岸考察黄河河道的情况。当地的百姓告诉他，因为秦朝时铸造的两尊镇河铁牛掉进了河里，所以这一段黄河水流十分湍急，经常有高达数丈的大浪。郦道元觉得这种说法不可靠，就带人到浪高水急的黄河边实地勘查。他发现，此段黄河的两岸都是陡峭的石壁，河中央有两座石头堆成的小岛，它们把河水分成了三股。郦道元分析说："这里浪高水急根本不是镇河铁牛造成的，而是因为两岸石壁崩落的大石头堵塞了河道，所以水流才会如此湍急。"人们听了他的分析，无不点头称是。

虽然郦道元生活在一个南北政权对立的分裂时代，但《水经注》记载的地理范围并不仅限于北魏疆域。对当时南朝统治下的自然山川，郦道元都着力描述。书中的一山一水、一草一木，无不倾注着他的热情。凭借这本书，郦道元获得了"中世纪最伟大的地理学家"的美称。

顺天时，量地利
——贾思勰与《齐民要术》

导语

目前国际学术界公认的古代农耕文明的发源地有五个：古巴比伦、古埃及、古希腊、古印度和古中国。在中国古代，自然经济始终占据主导地位。故而，关于农学的书籍有很多，其中《齐民要术》是我国现存最早、保存最完整的一部农业科学著作。

古代的中国是一个农业大国，劳动人民在长期的生产实践中积累了丰富的农业生产经验。北魏伟大的农学家贾思勰总结农耕地区丰富的农业生产经验，撰写了一部中国现存最早、最完整的古代农业科学巨著——《齐民要术》。

《齐民要术》全书分10卷，共92篇，"齐民"指一般的平民，"要术"指通过生产劳动谋生的技能和方法。书中论述了各种农作物的栽培技术，家畜、家禽的养殖方式，农产品加工、储存技术等，内容丰富，包罗万象，有人称《齐民要术》是"中国古代农业百科全书"。

　　贾思勰为什么要写这样一部农书呢？这要从贾思勰生活的时代说起。

　　贾思勰，齐郡益都（治今山东省寿光市南）人，曾任南北朝时期北魏的高阳郡（治今河北省高阳县东）太守。北魏是游牧民族鲜卑族建立的政权，北方统一后，社会经济逐渐得到恢复和发展。贾思勰青年时期，正值北魏孝文帝推行改革，实行均田制，把无主荒地分给无地或少地的农民耕种。统治者励精图治，农业生产蒸蒸日上，这为贾思勰撰写农书提供了便利条件。担任高阳太守的贾思勰意识到保障农业生产对人民生活的重要性。

　　对农业生产技术的研究，贾思勰不是停留在嘴上，或单单把别人的经验写在纸上。他搜集了丰富的文献资料和农谚，还访问老农，并亲自实地观察，掌握了多种农业生产技术。

据记载，为了学会养羊，贾思勰买了两百只羊，亲自饲养。结果因为饲料不够，羊被饿死了大半。在备足饲料后，贾思勰又养了一群羊，结果羊还是死了很多。他去请教一位养羊的能手后，才知道如果只是将饲料随便撒在羊圈里，羊的粪便和尿液会与饲料混合在一起，羊就不会吃这些饲料了，这样羊就会被饿死。贾思勰还参观了那位养羊能手的羊圈，摸索出了很多养羊的经验。

贾思勰画像 ▶

关于种地，贾思勰更是不辞辛苦，相传他经常深入田间地头访问农民，向他们学习耕种技巧。有一年正值春耕，贾思勰来到田间，见一个老农正在耕作，而他旁边却有很多荒地，根本没有种庄稼。他不明原因，便走上前去问这位老农，为什么要把旁边的地荒在那里？老农告诉他说，这叫养田，只有这样，才能保持土地的肥力，今年种这块地，明年种那块地，保证种下的庄稼有充足的养分。贾思勰听后，觉得非常有道理，连连点头称是。

还有一次，贾思勰经过一个村庄，看见一个农民正伏着身子在庭院里捡麦粒，态度十分认真。贾思勰觉得奇怪，便走过去询问。原来这位农民正在挑选麦种，他要把那些颗粒饱满的麦粒挑出来当作种子。就这样，贾思勰利用各种机会与农民接触，通过观察和学习，积累了大量的农业知识。

为了将这些宝贵的经验和知识留存下来，贾思勰决定编写一部农书。贾思勰卸任后，回到家乡就自己经营起农牧业，掌握了更多的农业生产技术。北魏永熙二年至东魏武定二年（533—544年），贾思勰完成了农业科学巨著《齐民要术》，使更多的百姓获得了科学种植和养殖的知识。

《齐民要术》是一部包括农、林、牧、副、

渔的综合性农书，涉及的地域范围包括今天山西东南部、河北中南部、河南的黄河北岸和山东等地，深刻阐明了因地制宜、因时制宜的农业思想。比如，书中写同一作物因地方的不同，播种的时间也应该有所不同；北方地区春天多风干旱，因而春播前后保持土壤中的水分，是农作物增产的关键。直到今天，《齐民要术》中的农业技术知识和生产经验依然为人们所重视，它反映了我国古代劳动人民的聪明才智，同时也充分说明我国古代农业生产在当时已经达到了相当高的水平。贾思勰也因《齐民要术》一书被后人尊为"农圣"。

科学全才——祖冲之

导语

说到祖冲之，你可能会想到"圆周率"，知道他是数学家。但你知道吗？祖冲之在天文、历法、机械等方面的成就也非常突出。

祖冲之，字文远，祖籍范阳遒县（今河北省涞水县北），南朝宋元嘉六年（429年）出生于建康（今江苏省南京市）。

西晋末年，北方发生大规模的战乱，祖冲之的祖辈南迁，在建康定居下来。他的祖父和父亲都在朝廷做官，祖冲之从小受到良好的家庭教育，祖父给他讲"斗转星移"的故事，父亲教他读经书典籍。祖冲之小时候就特别喜爱数学，也喜欢研究天文历法。他经常观测太阳和月亮运行的情况，并且做了详细记录。渊博的学识使祖冲之远近闻名。

祖冲之对天文学特别感兴趣，年纪轻轻就被南朝宋孝武帝所赏识。孝武帝专门赐给他房屋、车马和华丽的衣服，以表示对他的嘉奖，并派他到最高学术机构华林学省做研究工作。在这里，祖冲之接触到大量的皇家藏书。他广泛阅读天文、历法、算术等图书，这为他以后在多个领域发光奠定了基础。

▸ 祖冲之画像

在数学领域，祖冲之将圆周率推算到小数点后七位。在古代计算到小数点后七位是什么概念呢？古希腊大名鼎鼎的数学家阿基米德计算出圆周率约为 3.141851，我国魏晋时期的数学家

刘徽与割圆术

刘徽，魏晋时期的数学家，中国传统数学理论的奠基者，首创"割圆术"。所谓"割圆术"，就是用无穷分割方法和极限思想证明圆面积公式并求圆周率近似值的方法。"割圆术"不仅为祖冲之计算圆周率提供了思想方法与理论依据，也对中国古代的数学研究产生了很大的影响。

刘徽用割圆术推算出圆周率为 3.1416。祖冲之在地面上画出了一个直径为一丈的圆进行切割计算。那时候，计算是很费脑力的，因为还没有算盘，祖冲之只能用竹子做成的算筹计算，每算完一次，再重新摆放算筹。功夫不负有心人，凭着顽强的毅力和不懈的坚持，祖冲之计算出圆周率近似值在 3.1415926 和 3.1415927 之间，这个记录直到十五世纪才被一位阿拉伯数学家阿尔·卡西打破。

遗憾的是，祖冲之在数学方面的研究成果《缀术》已经失传了。据史料记载，祖冲之撰写的《缀术》在唐代被列为算学的主要课本之一，当时把这本书学完需要四年时间。朝廷进行数学考试时就从《缀术》中出题，它的重要性可想而知。可惜的是，当时的"学官莫能究其深奥，是故废而不理"，最终这本书在北宋中期失传了。这成为我国数学史上的重大损失。

在天文领域，祖冲之也有很大的成就，其中最突出的成就当属他在33岁时编订的《大明历》。祖冲之算出一回归年为365.24281481日，与近代科学测量的日数相差不到50秒。另外，祖冲之对闰法做了新的调整，将19年7闰改为391年144闰。《大明历》是当时最先进的历法。

在机械方面，祖冲之设计制作过用水力提高舂米效率的"水碓磨"，能日行百余里的"千里船"，无论怎么转动都能指向南方的指南车，等等。

而且，祖冲之不仅精通乐理，对哲学和文学也有所研究，他曾注《周易》《老子》《庄子》，释《论语》等，但这些著作都失传了。

祖冲之晚年时，南齐政权越发混乱，他上奏给皇帝一篇《安边论》，建议朝廷鼓励百姓开垦荒地，发展农业，以壮大国力。但是在动荡的局势下，南齐的统治已经无法再维持下去了，国家政权摇摇欲坠，祖冲之的政治主张无法施行。南齐永元二年（500年），这位了不起的科学家带着一身荣光与些许遗憾走完了一生，享年 72 岁。

　　为了纪念这位伟大的古代科学家，国际天文学联合会把月球上的一座环形山命名为"祖冲之环形山"，中国科学院紫金山天文台将 1964 年发现的国际永久编号为 1888 的小行星命名为"祖冲之星"。

> **⊘ 小行星命名权**
>
> 　　小行星是各类天体中唯一可以根据发现者意愿进行提议命名，并且得到国际公认的天体。由于小行星命名的严肃性、唯一性和永久不可更改性，使得能够获得小行星命名成为世界公认的一项殊荣，以中国古代科学家命名的小行星包括张衡星、祖冲之星、一行星、郭守敬星、沈括星等。用一个人的名字赋予一个星球生命，这是对科学家最高的礼赞，也是对后人最好的激励！

井底皇帝——陈叔宝

> **导语**
>
> 唐朝诗人杜牧有诗《台城曲》:"门外韩擒虎,楼头张丽华。谁怜容足地,却羡井中蛙。"诗中的"井中蛙"说的就是南朝陈皇帝陈叔宝,那么陈叔宝"井底皇帝"的称号是怎么来的呢?

在中华五千多年的文明史中,魏晋南北朝历时三百多年,出现了军阀混战、三国鼎立、西晋的短暂统一、东晋十六国和南北朝对峙等局面。

557年,南朝在经历刘宋、南齐、萧梁之后,在战乱中崛起的陈霸先废掉梁敬帝萧方智,建立了陈朝。此时,北朝只剩下北齐和北周两个政权。577年,北周灭掉北齐,统一了北方。北周后期,皇帝昏庸,朝局混乱,在581年,外戚隋国公杨坚夺取政权，建立了隋朝，是为隋文帝。次年，南朝陈的第五个皇帝即位，这个皇帝就是陈后主，即陈叔宝。陈叔宝在位共八年，他生活奢靡，又酷好声色。

虽然陈叔宝幼年漂泊异乡，在他父亲即位后才归国还乡，但是他自幼生活富足，锦衣玉食，从未体会过民间疾苦。陈叔宝登上皇位后，荒淫奢侈。他大兴土木，建造亭台楼阁，其中"临春""结绮""望仙"三阁，每座楼阁都高达数丈。为建造宫殿，陈叔宝大肆搜刮民财，以致百姓怨声载道。但他却不加收敛，还施行严酷的刑罚，牢狱当中常常人满为患。而陈叔宝身居高阁，整日沉迷于酒色之中不理朝政，与文臣和女

◀ 陈叔宝画像

宾坐在一起，饮酒作诗。他身边的一些大臣也投其所好，天天通宵达旦和他对酒畅饮，吟诗作赋，完全把国事抛之脑后，也不顾百姓的死活。陈朝逐渐走向衰落。

就在陈后主醉生梦死之际，588年，雄心勃勃的隋文帝杨坚下诏列数陈叔宝罪恶二十条。同年十月，隋文帝下令伐陈，任命晋王杨广、秦王杨俊及信州总管杨素三人为行军元帅。陈国边境守将将隋兵入侵的消息报告朝廷，陈叔宝说："王气在此，齐兵三度来犯，周兵两次到达，无不被摧毁。敌人现在来侵，必然自遭失败。"大臣孔范也说隋军没有渡江的可能。于是陈叔宝君臣又继续饮酒作诗，观看伎人奏乐。

589年，隋朝大军渡过长江，一路如入无人之境。当时，建康城（今江苏省南京市）内还有十多万士兵，但陈叔宝不懂指挥。当隋军兵临城下的时候，大臣和士兵们都逃跑了，陈后主这才惊慌起来，拉着两位妃子跳进了景阳殿后院的一口枯井中避难。不久，隋军入宫搜索，发现了陈叔宝和他的妃子。陈叔宝被抓后，隋文帝和官员们拿他藏匿于枯井的事嘲笑他，称他为"井底皇帝"。

陈叔宝擅诗赋，但他的得意之作《玉树后庭花》被称为"亡国之音"。因为隋军兵临城下时，陈叔宝还在宫中演奏此曲，而他的王朝随着这支曲子的结束覆亡了。后代很多诗人都曾借此讽刺那些沉迷享乐的统治者。其中，唐朝诗人杜牧的《泊秦淮》最为人所熟知："烟笼寒水月笼沙，夜泊秦淮近酒家。商女不知亡国恨，隔江犹唱后庭花。"

隋开皇九年（589年），隋灭陈，结束了南北朝分立的局面，再度建立了统一的中央集权国家。

南北朝

从420年东晋灭亡到589年隋灭陈的近170年间，中国历史上形成南北对峙的局面，史称"南北朝"。南朝从420年刘裕代晋建宋到589年陈朝灭亡，历经宋、齐、梁（包括后梁）、陈四代。北朝从439年北魏统一北方开始，到534年分裂为东魏、西魏。后来，北齐代东魏、北周代西魏，北周灭北齐。581年，隋代北周，后隋灭掉后梁（南朝梁的残余势力）和陈，南北朝时期结束。